AF224381

CHANTS PATRIOTIQUES

PAR

L. CASTILLON

Chanter la Liberté, c'est chanter Lafayette :
Dans l'amour des Français tous les deux sont unis.
Grand citoyen, souris à l'essai d'un poète,
S'il ne sait pas chanter, il aime son pays.

PARIS

IMPRIMERIE WATTIER ET Cie

4, rue des Déchargeurs, 4,

1881

CHANTS PATRIOTIQUES

PAR

L. CASTILLON

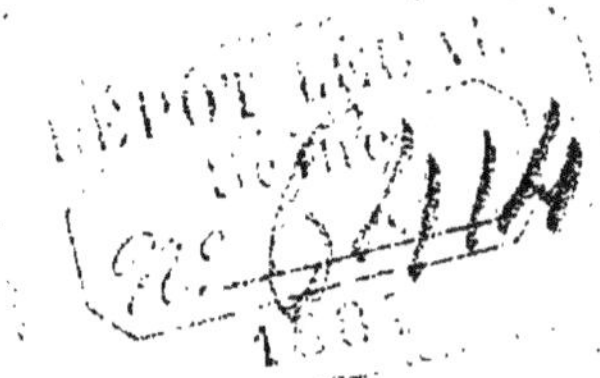

Chanter la Liberté, c'est chanter Lafayette ;
Dans l'amour des Français tous les deux sont unis.
Grand citoyen, souris à l'essai d'un poète,
S'il ne sait pas chanter, il aime son pays.

PARIS

IMPRIMERIE WATTIER ET Cᵗᵉ

4, rue des Déchargeurs, 4.

1881

ODE A LAFAYETTE

LA LIBERTÉ

Si, du fils de Japet renouvelant l'audace
Je pouvais d'un vol sûr, élancé dans l'espace,
    Atteindre jusqu'au ciel ;
Dût un autre vautour, aux serres déchirantes,
Dévorer sur le roc mes entrailles vivantes
    Et mon cœur immortel ;

J'irais, loin des humains, allumer mon génie
Aux brûlantes clartés du Père de la vie,
    Et plein de tous ses feux,
Fendant les vastes airs, du haut de l'Empirée
Descendrait avec moi la Liberté sacrée
    Noble fille des dieux !

Son nom retentirait aux quatre bouts du monde ;
Comme le bruit des flots, ou la foudre qui gronde
    Pour effrayer les rois ;
Les peuples, secouant leur sommeil et leurs chaines,
Sentiraient un vieux sang s'enflammer dans leurs veines
    Aux accents de ma voix.

Couronnes, sceptres d'or, superbes Capitoles.
Leurs mains en se jouant briseraient ces idoles
        Que le vulgaire craint ;
Et l'homme, enfin partout élevant un front libre,
Comme autrefois aux bords de l'Alphée ou du Tibre,
        Serait son souverain.

Mais pourquoi ces souhaits? l'âme dégénérée
Ne peut-elle puiser une flamme sacrée
        Qu'au sein même des dieux?
Ces dieux, en nous fermant les voûtes éternelles
N'ont-ils pas d'un feu pur caché les étincelles
        Dans les cœurs généreux?

Sparte, Athènes, Argos, et toi Rome guerrière,
De vos nobles débris secouez la poussière,
        Réveillez vos héros.
Vos palais sont détruits ; mais, avec la Victoire,
La Liberté debout chante encor votre gloire,
        Et montre vos tombeaux.

Le lointain voyageur des plages atlantiques
Accourt pour saluer les cendres prophétiques
        De ces vieux monuments ;
Et l'âme de Byron, ravie à leurs oracles,
Trouvait, en parcourant la terre des miracles,
        Ses sublimes élans.

La Liberté chantait, et Byron en silence,
Attentif à sa voix, concevait la puissance
    De ses mâles accords.
L'Europe avec respect, écoutait le poëte,
Qui, fouillant des Cités la ruine muette,
    Ressuscitait les morts.

Comme un roi vit jadis, d'un effort unanime,
Se lever la poussière aux plaines de Solyme
    Contre l'Assyrien :
Telle, aux chants de Byron la Grèce renaissante,
Vit des morts s'agiter la poussière vivante,
    Et s'animer soudain.

A l'aspect imprévu de tant d'illustres ombres,
Aux fronts républicains, aux regards fiers et sombres,
    Un peuple de héros,
D'un féroce ennemi bravant les cimeterres,
S'élançait au combat, sous les yeux de ses pères
    Debout sur leurs tombeaux.

C'est près des braves morts pour la sainte patrie
Que l'âme du poëte exhale son génie
    En rapides éclairs ;
Et, quand la Liberté de la terre est proscrite,
C'est au fond des tombeaux qu'elle cache sa fuite
    Au tremblant univers.

Bientôt à ses soupirs la terre se soulève,
Un orage se forme ; il gronde, tonne et crève
        Sur le front des Tyrans.
Ainsi, la Grèce enfin, retrouvant son courage,
Venge sur les Moslims deux mille ans d'esclavage
        Et ses gémissements.

Ainsi, lorsqu'un parjure insultait à la France
Une seconde fois prête pour la vengeance,
        La grande Nation,
Dispersant en deux jours de lâches satellites,
Arrache un sceptre usé de ses mains décrépites,
        Sous les yeux du canon.

Avait-il oublié les combats de nos pères ?
Avait-il oublié les leçons salutaires
        Qu'ils donnèrent aux rois ?
Tout près de son palais, d'un frère moins coupable,
L'échafaud lui criait, d'une voix redoutable :
        Les peuples ont des droits.

A ce cri menaçant il ferme son oreille.
De nos pères alors la cendre se réveille,
        Elle crie à son tour :
« Fils de la Liberté, quel est ce bruit de chaines ?
« Ne vous souvient-il plus quel sang coule en vos veines ?
        « Qui vous donna le jour ? »

Tout un peuple, à ces mots, se lève et court aux armes ;
Peuple de citoyens, nourri dans les alarmes,
    Invincible aux combats.
Mais, prodige inoui ! l'inexorable Histoire
Cherchera vainement quelque tache à la gloire
    De ces sanglants débats.

Salut, peuple français ! libre et digne de l'être !
L'univers te contemple et s'alarme peut-être,
    Dissipe ses terreurs :
Qu'il ne voie au milieu de nos bruyants orages
Qu'un peuple de héros, d'hommes libres, de sages,
    De régénérateurs.

Quand le père des dieux, pour effrayer la terre,
Sur les pâles mortels promène son tonnerre,
    Ils demeurent muets :
Soudain, pour rassurer les nations tremblantes,
Il déploie à leurs yeux, en zones éclatantes,
    L'arc aux mille reflets.

Peuple-roi, fais briller ton drapeau tricolore,
Phare de liberté, sous lequel vont éclore
    Les peuples citoyens.
A ce noble signal, vois déjà l'Ibérie
Appeler les enfants de la vieille Italie,
    Et nous tendre les mains.

La Liberté bientôt, souveraine des ondes,
Etendant ses deux bras pour joindre les deux mondes,
Affranchira les mers ;
Et, libre en ces climats que le soleil dévore,
Le nègre n'ira plus du Couchant à l'Aurore
Traîner d'indignes fers,

L'univers étonné ne verra plus de guerres :
Le droit régnera seul ; et les peuples, tous frères,
Enrichis par la paix,
Ne seront plus rivaux que par leur industrie ;
Admirable carrière, ouverte à leur génie,
Et si riche en bienfaits.

Age d'or tant vanté, que l'on verra renaître ;
Où les hommes égaux n'auront plus d'autre maître
Que leurs dieux et les lois ;
Où la Religion et le Patriotisme
Sur les mêmes autels béniront l'héroïsme
Pour la première fois.

Et tel que le soleil au regard vaste, immense,
Quand, pour chasser la nuit dans les cieux il s'élance.
Embrasse l'univers ;
Telle la Liberté, maîtresse de la terre,
Epandra de son sein des torrents de lumière
Sur les peuples divers.

L. CASTILLON (Août 1830).

AUX BRAVES

Des 27, 28 et 29 Juillet 1830

AUX HEROS DE JUILLET

Illustres fondateurs de notre liberté,
Vous, morts pour la patrie et pour l'égalité,
Sortez de vos tombeaux, la France vous appelle :
Les trois couleurs au front, digne de vous et d'elle ;
Libre enfin ! Paraissez au milieu du Sénat,
Dans chaque citoyen vous verrez un soldat :
Ce sont tous vos enfants, vos amis et vos frères ;
Frémissez de plaisir, ils ont vengé leurs pères.

Oh ! Combien ils devaient s'indigner, vos grands cœurs,
Que poursuivaient l'outrage et la haine servile
  Quand, dans votre dernier asile,
Un magistrat brisait vos modestes honneurs.
Jamais impunément on n'outrage la France ;

Entendez retentir le cri de la vengeance,
Entendez le canon gronder de toutes parts.
Mais, quel est ce drapeau flottant sur nos remparts ?
C'est le drapeau de la victoire ;
Vos fils l'ont reconquis, souriez à leur gloire.
Notre triomphe est grand, mais qu'il nous a coûté !
Nous avons nos martyrs : Gloire, honneur à ces braves !
Nous voulions tous mourir plutôt que d'être esclaves,
La mort les a choisis pour l'immortalité.

Que leur sort est digne d'envie !
Français, gardons-nous bien de pleurer ces héros ;
Les nobles citoyens, tombés pour la patrie,
S'indigneraient des pleurs versés sur leurs tombeaux.
Que la triple couleur, la couronne de chêne
Console chez les morts leurs mânes glorieux,
Et rappelle aux vivants leur courage et la haine
Que mérite à jamais un tyran odieux.

Dormez en paix, ombres sacrées,
La France adopte vos enfants ;
Et quand vos veuves éplorées
Porteront leurs gémissements
Dans l'asile des morts, où reposent vos cendres,
Tout un peuple suivra ces épouses si tendres
Jusqu'au funèbre cyprès.
Là, nos femmes en deuil pleureront avec elles,
Là, nos fils béniront vos enfants adorés.

Pour nous, vos compagnons fidèles,

Epargnés par le fer dont vous fûtes frappés,

Nous, qui voulions mourir, dans notre espoir trompés,

Nous irons saluer la retraite dernière

Où gît de nos amis l'héroïque poussière ;

Et vous, jeunes Lions, que l'on a vus deux fois

S'élancer aux combats, au cri de la Patrie,

Deux fois, de votre sang la terre fut rougie,

Mais la postérité redira vos exploits ;

Surpris de votre audace, aux jours de nos alarmes,

L'étranger vous donna des larmes ;

Et, dans un généreux transport,

Les vieux guerriers blanchis sur vingt champs de batailles,

Vous voyant étendus au pied de nos murailles,

Déjà héros, mais pas hommes encor,

Accusaient les destins ennemis de leur gloire ;

Pour la première fois, ils pleuraient leur victoire....

Moins de pleurs aujourd'hui coulent sur vos tombeaux.

Ce sont des amis et des frères :

Ils ne versent que les prières

Sur la dépouille des héros.

Entendez nos douleurs, du haut de l'Empirée,

Mais pardonnez à notre orgueil.

Si, de votre trépas, notre âme est déchirée,

La mort nous semble belle auprès de ce cercueil.

La France est libre, amis, et sa reconnaissance.
Consacrera des noms, hélas ! trop tôt fameux !
Le marbre, à nos derniers neveux
Attestera votre vaillance.

Quoi ! Lorsque dans Paris, séjour aimé des arts,
Sont encore debout ces œuvres de génie
Qui s'élevaient de toutes parts
A la voix de la tyrannie ;
Quand, des rois oppresseurs, fléaux de leurs états,
Et connus seulement par nos longues misères.
Exhumés de la fange avec leurs attentats,
Insultent sous nos yeux aux cendres de nos pères,
Français, les Héros morts pour notre liberté
Dormiraient sans honneur et dans l'obscurité ?
Qui voudrait désormais mourir pour la Patrie ?

La Patrie ! ! à ce nom, je sens mon cœur ému ;
Je l'entends déjà qui s'écrie :
« La France sait toujours honorer la vertu,
« Qu'aux portes du palais où ce pur sang murmure
S'élève dans les airs la Colonne aux cent voix,
« Pour transmettre leurs noms à la race future
« Avec les crimes de nos rois ».

L'histoire en est écrite, en sanglants caractères,
Sur ces murs qu'ont meurtris les boulets populaires ;

Parais sur ton balcon, l'arquebuse à la main,

Charles neuf, roi pervers, vil et lâche assassin !

Charles, ton petit fils te prépare une fête,

Cours : le sang va couler, tu compteras les morts,

       Et tu riras des vains efforts

De ceux qui chercheront à soulever la tête.

Et voilà donc ce roi, père de ses sujets,

Dont le cœur s'attendrit aux maux de ses Français ?

Cruel, puisse un vautour déchirer tes entrailles

Et te faire payer nos longues funérailles.

Dix mille citoyens égorgés pour un roi

Parjure à ses serments, sans honneur et sans foi.

      O France, ô ma belle Patrie !

Du plus grand des forfaits garde le souvenir,

Inocule aux tyrans l'opprobre et l'infâmie,

En chantant les Héros tombés pour t'affranchir.

L. Castillon.

1830.

Paris. — Imprimerie Wattier et Ce, 4, rue des Déchargeurs.